Für meine liebste

Schwester

Pattloch*

Liebe Schwester,

für mich bist du ein
großartiges Geschenk.
Es ist einfach wunderbar,
dass es dich gibt.

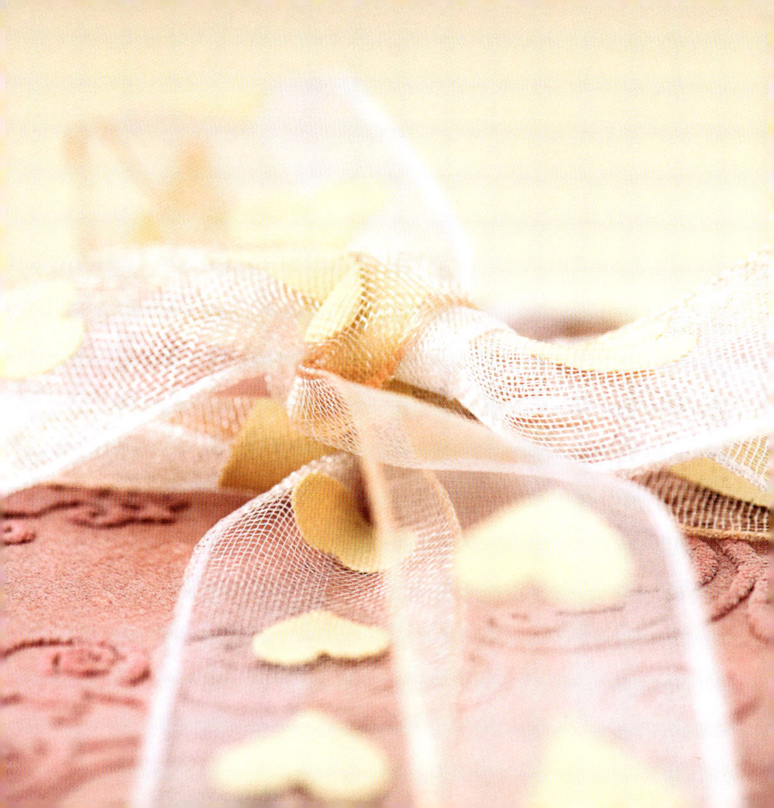

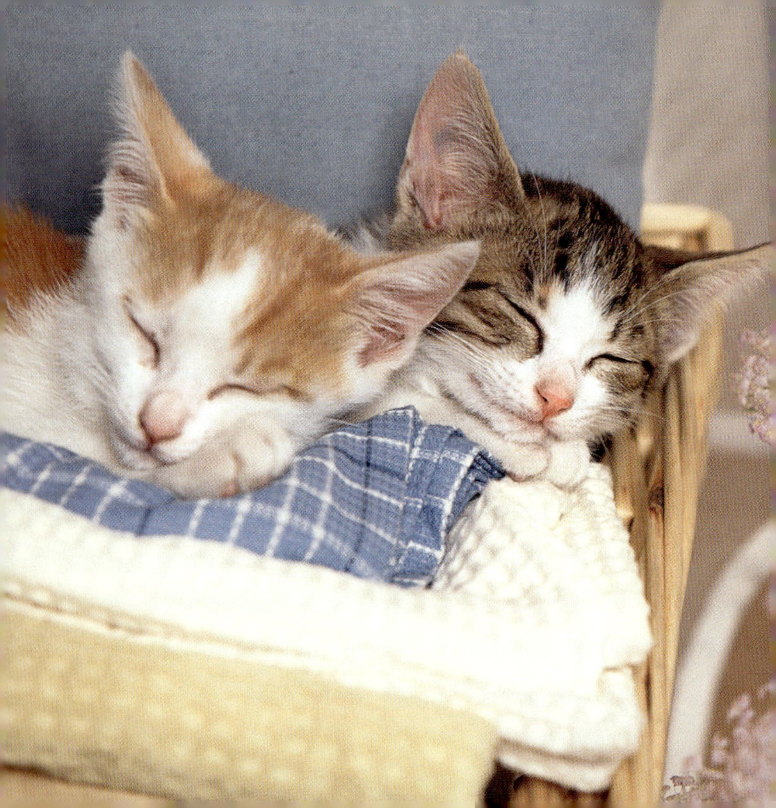

Kindern aus der gleichen Familie, mit dem gleichen Blut, mit den gleichen Gewohnheiten und Gedankengängen, wohnt eine derartige Fähigkeit zur Freude inne, zu der keine andere Verbindung in der Lage ist.

Jane Austen

Nur wenige

kennen mich schon
so lange und so gut
wie du.

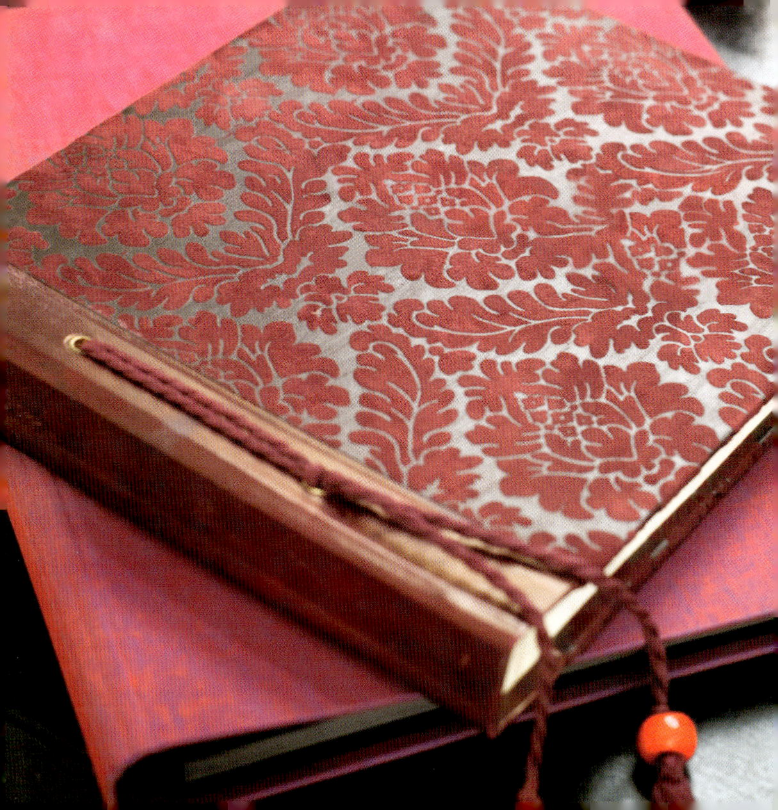

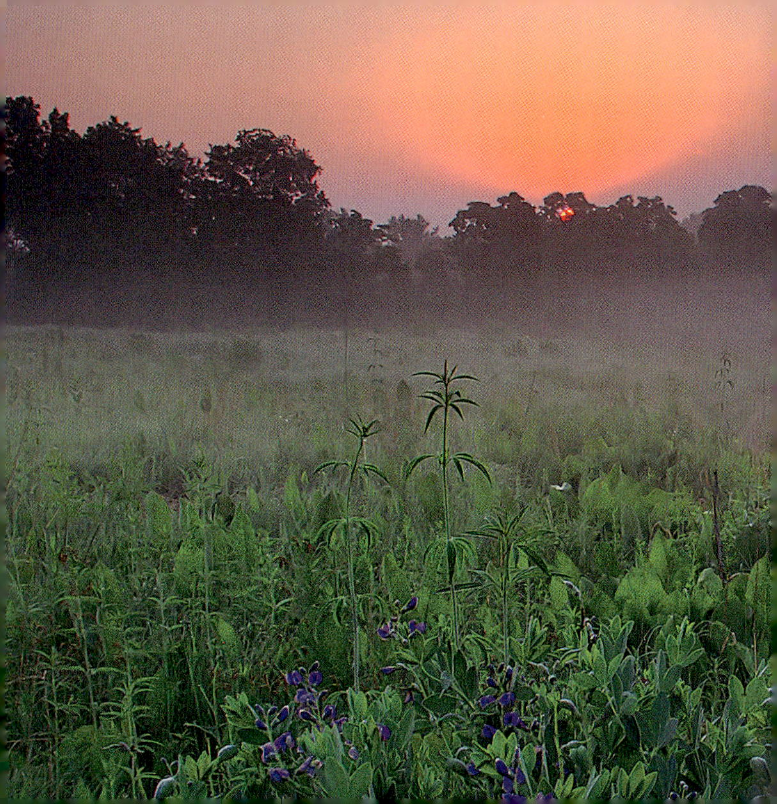

Wir wissen nicht, warum wir geliebt werden und können es nicht verstehen; aber es ist ein seliges Gefühl, das uns über die schwere Wolkendecke des Lebens zur Sonne emporträgt.

August Pauly

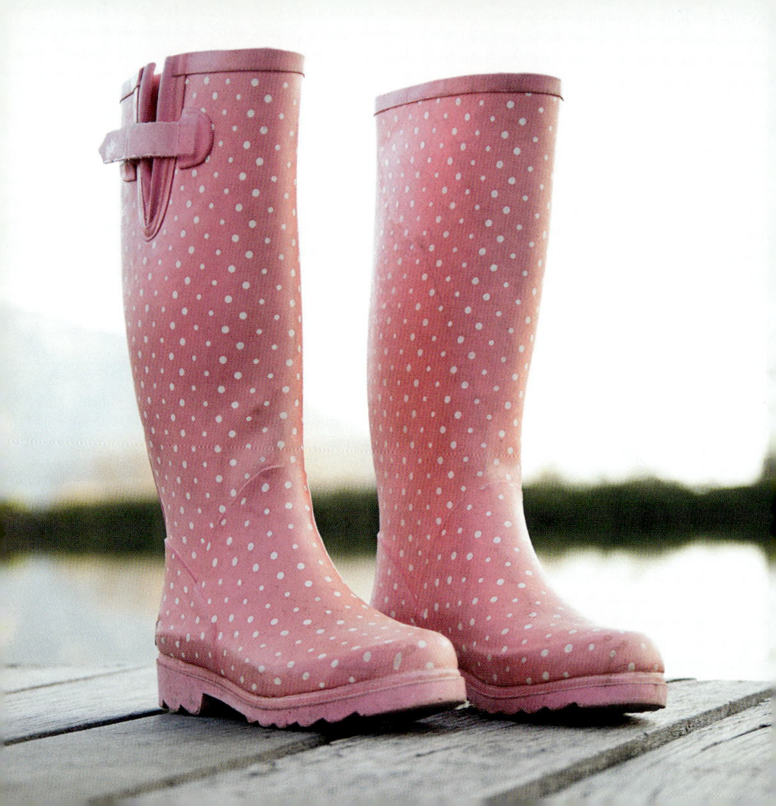

Zusammen

haben wir diese Welt entdeckt! Uns verbindet so viel – von Anfang an!

Die tiefe Verwurzelung in dem Boden der Vergangenheit macht das Leben schwerer, aber auch reicher und kraftvoller.

Dietrich Bonhoeffer

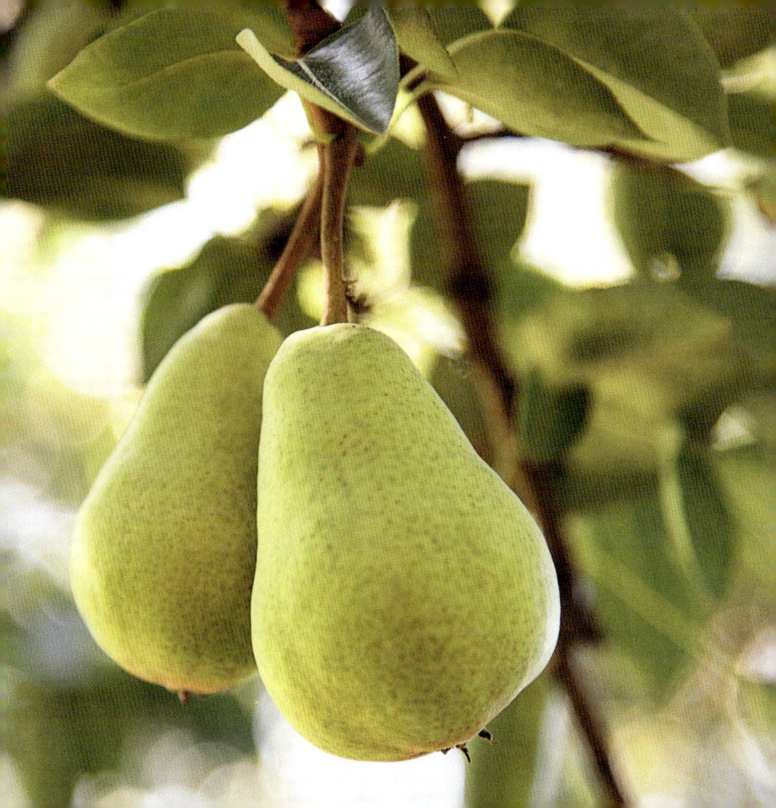

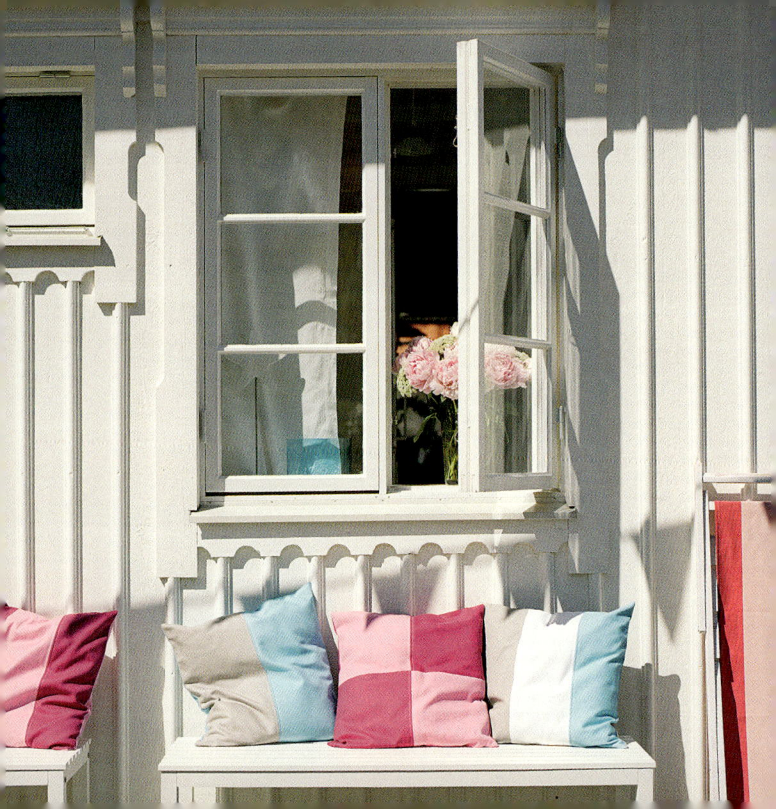

So manchen Unsinn

haben wir zusammen ausgeheckt.
Es gibt nichts Schöneres für
mich, als gemeinsam mit dir
in Erinnerungen zu schwelgen.

Trotz mancher Auseinandersetzung haben wir uns immer wieder versöhnt.

Es kann für mich keine bessere Freundin auf der Welt geben.

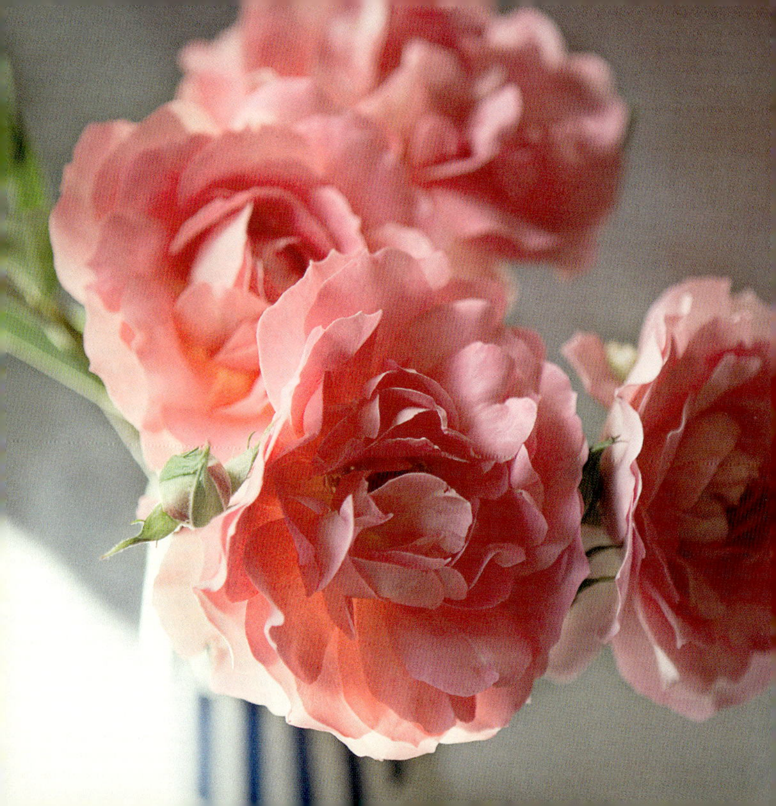

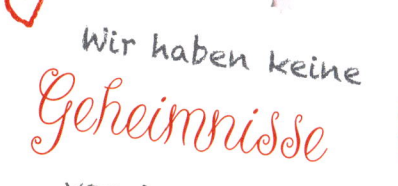

Wir haben keine *Geheimnisse* voreinander, dir kann ich all meine Gedanken anvertrauen.

Das Beste aber, was der Mensch für einen anderen tun kann, ist doch immer das, was er für ihn ist.

Adalbert Stifter

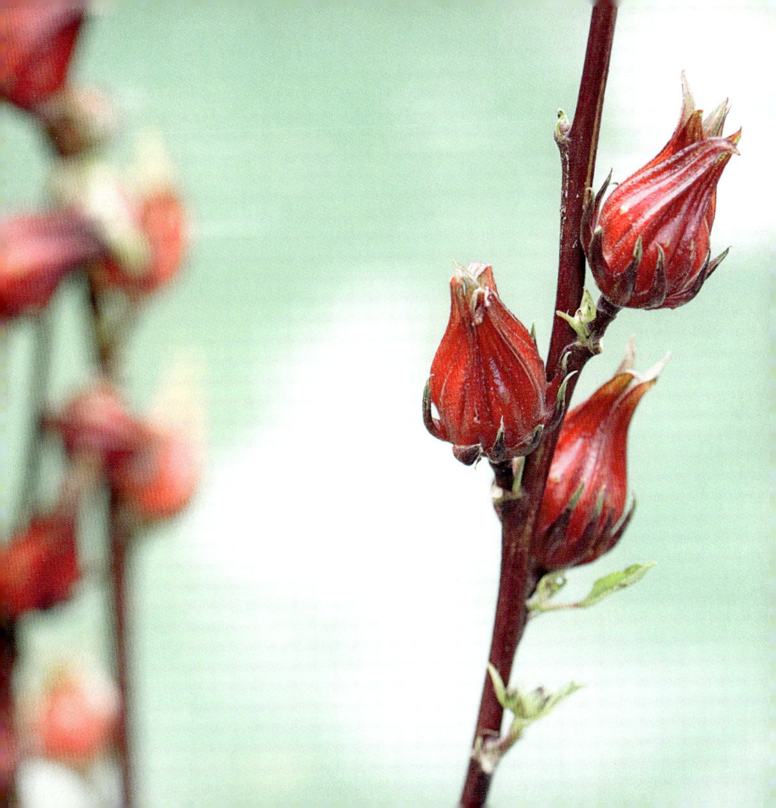

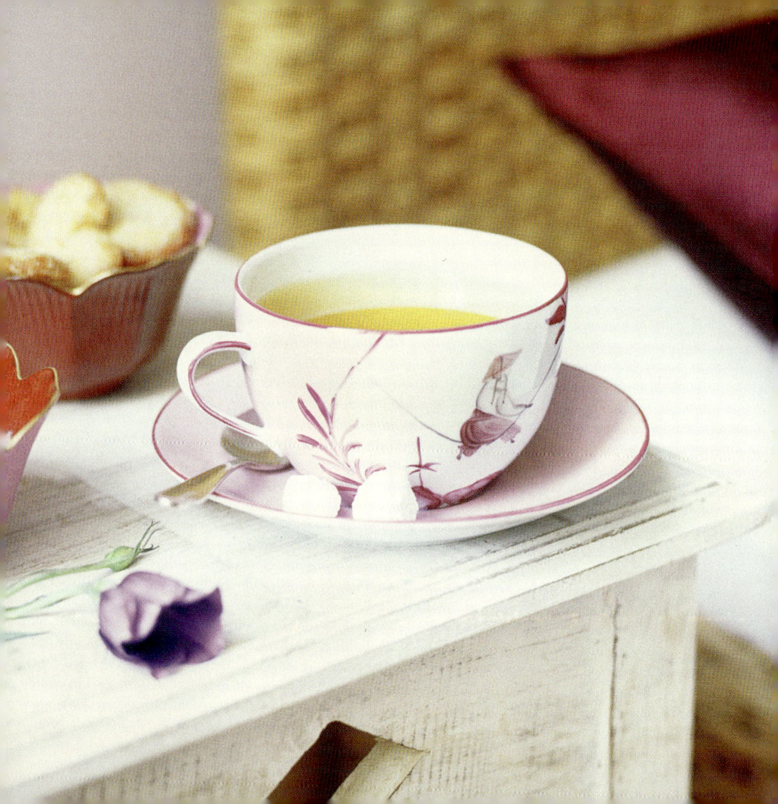

Wenn es mir mal nicht so gut geht oder ich einen Ratschlag brauche, dann bist du immer für mich da.

Es kann im Leben keine Situation geben, in der eine Unterhaltung mit meiner geliebten Schwester mir keinen Trost spenden wird.

John Milton

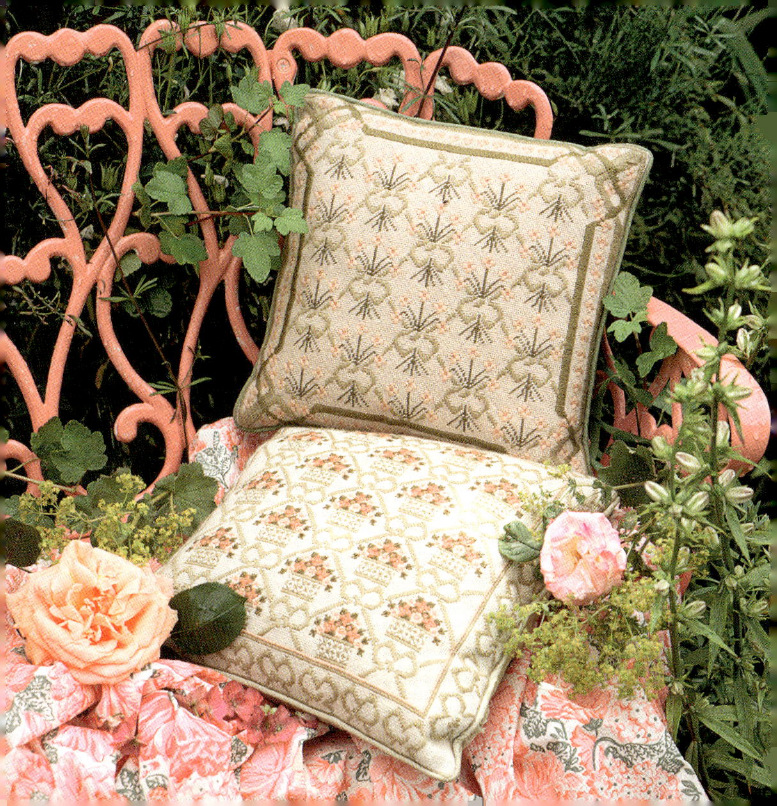

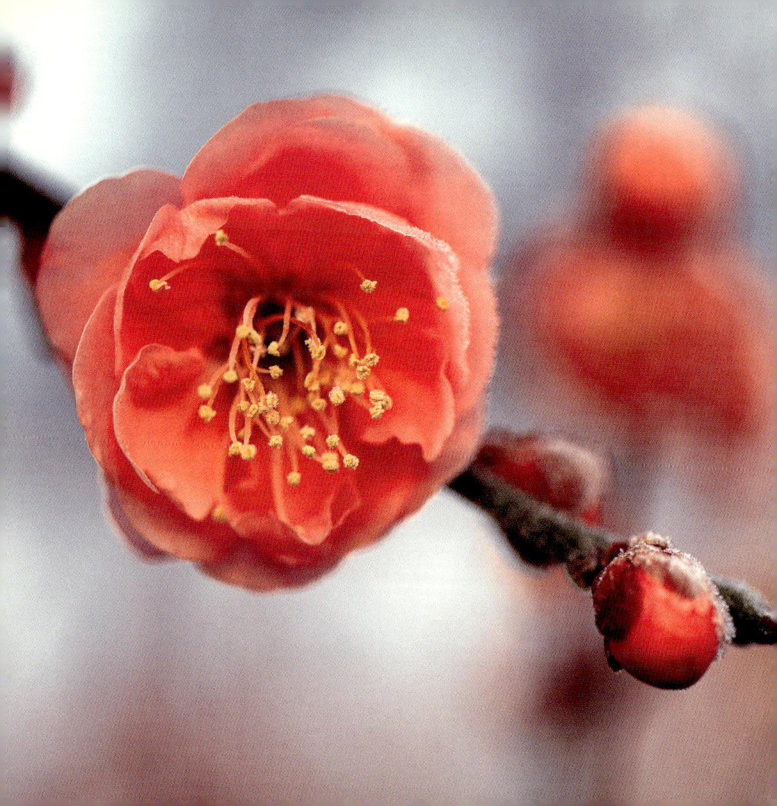

Auf dich kann ich bauen, du sagst mir immer deine offene und ehrliche Meinung.

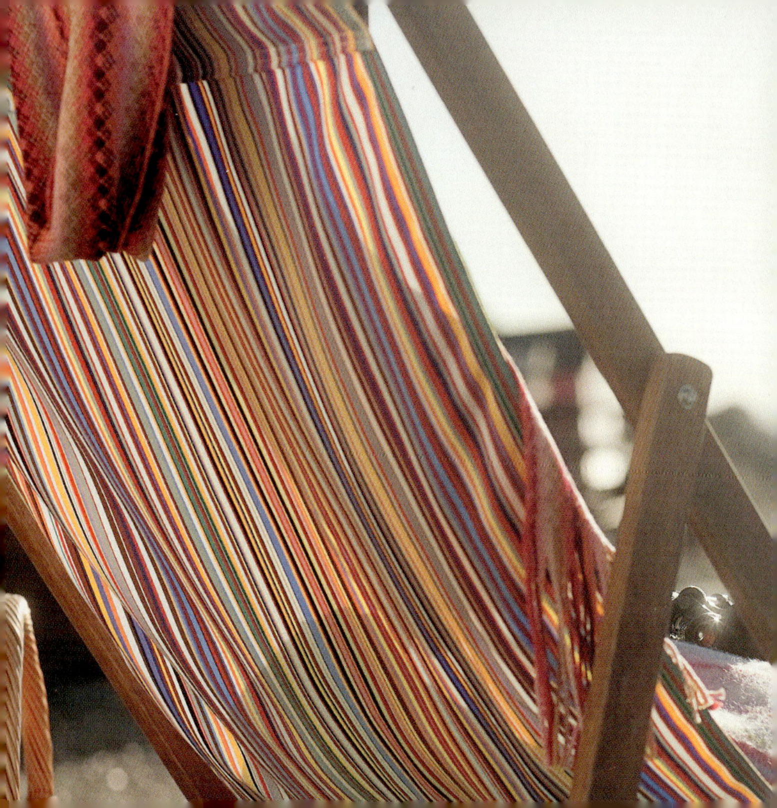

Und siehe da, wenn ich mit meiner Schwester davon rede, so erfahre ich, was ich durch ein vielleicht stundenlanges Brüten nicht herausgebracht haben würde.

Heinrich von Kleist

Bei einem Brunnen leidest du nie Durst, bei einer Schwester verlierst du nie den Mut.

Aus China

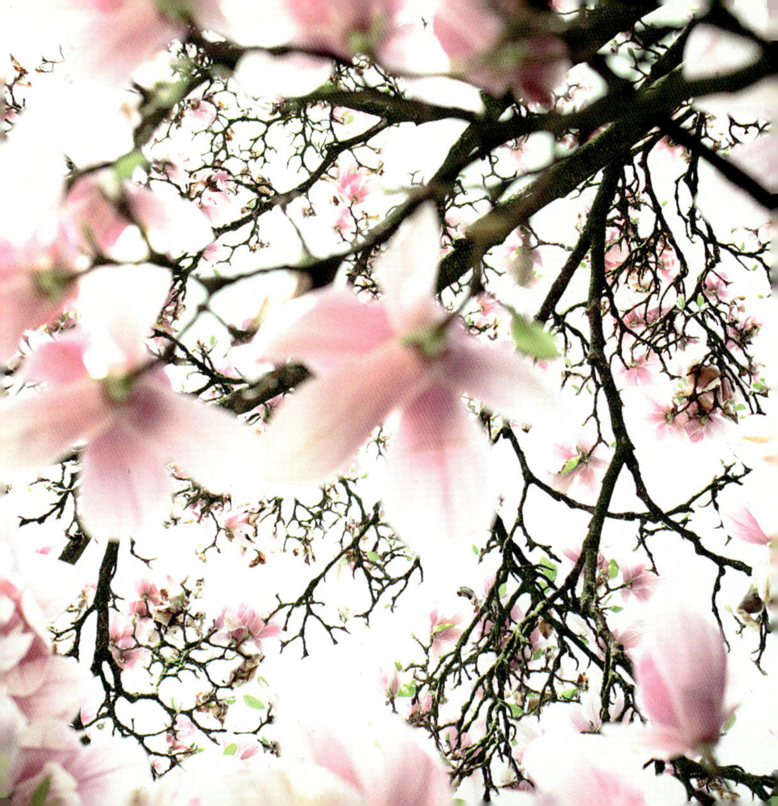

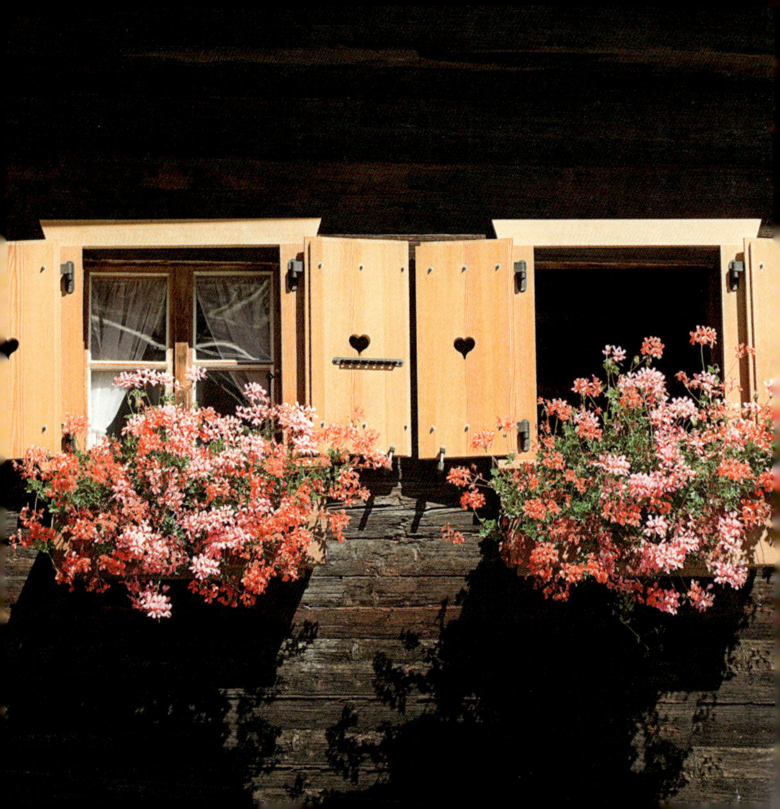

Innerhalb der Familie ist das Verhältnis zwischen Schwestern wahrscheinlich das konkurrenzträchtigste, doch wenn Schwestern einmal erwachsen sind, ist es auch das intensivste.

Margaret Mead

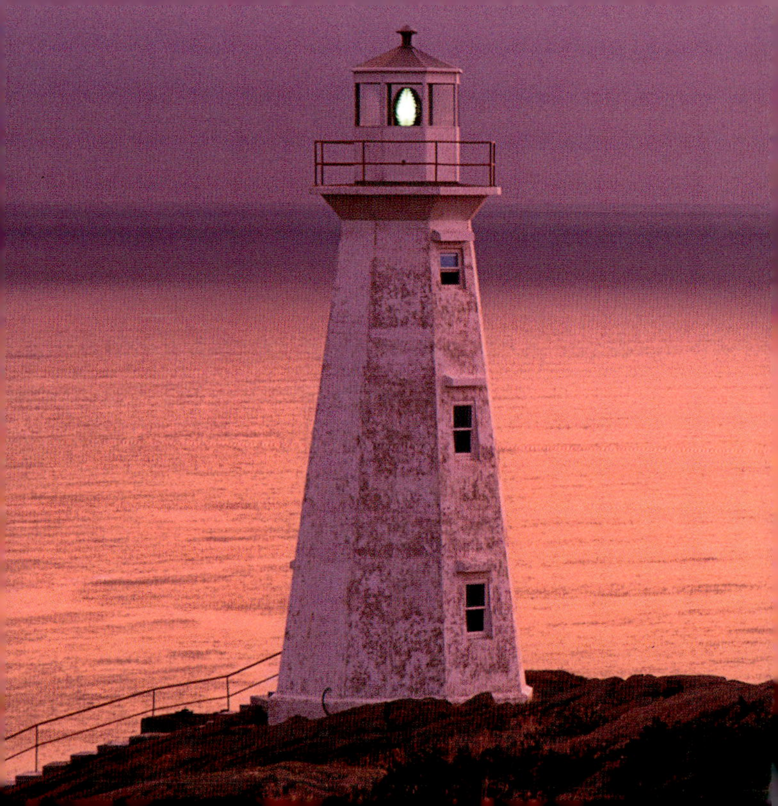

Du bist ein ganz wichtiger
Teil in meinem Leben.
Wir werden uns nie aus den
Augen verlieren.

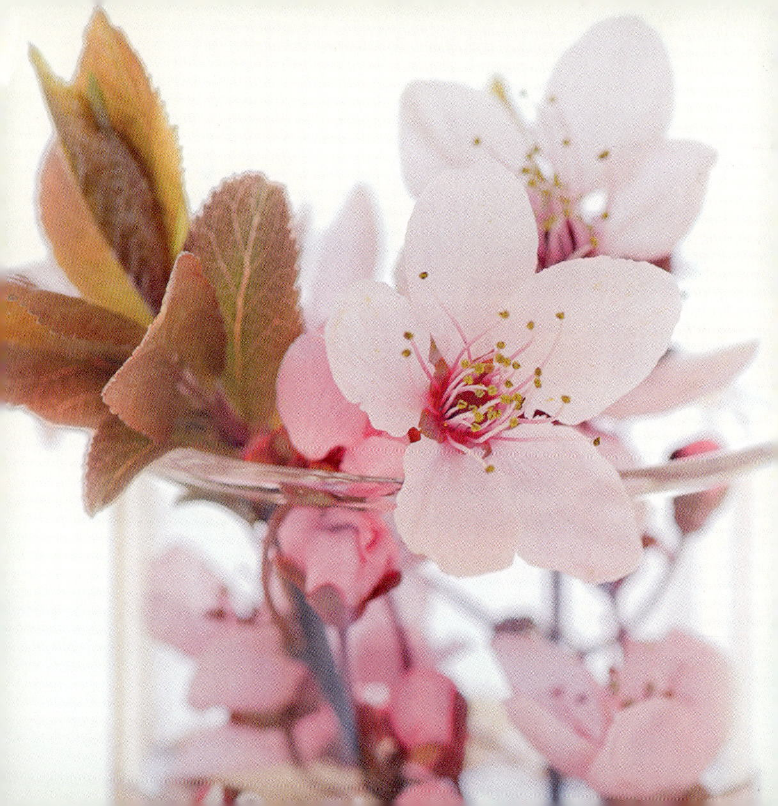

Sei gesegnet, meine Liebe, und denk daran, du bist immer so tief verwurzelt im Herzen deiner Schwester, dass es kein Entrinnen gibt.

Katherine Mansfield

Du bist einfach die wunderbarste Schwester dieser Welt.

Ich bin dankbar, dass es dich gibt!

Umschlagfoto: Getty Images/Photographer's Choice RF/Rosemary Calvert

Fotos: Corbis: S. 7 Michele Constantini/PhotoAlto/ S. 8 amana/amanaimages
S. 11 Per Magnus Persson/Johnér Images/ S. 12-13 Markos Berndt/
First Light/ S. 14 Luka/cultura/ S. 17 Beanstock Images/Radius Images
S. 18 Malte Danielsson/Etsa/ S. 20-21 the food passionates
S. 22 Laurence Mouton/ZenShui/ S. 25 Ale Ventura/ZenShui
S. 26 Ingrid von Hoff/ S. 29 Di Lewis; Elizabeth Whiting & Associates
S. 30 Kazuya Shiota/Aflo Relax/ S. 32-33 Floresco Productions/cultura
S. 35 Gregor Schuster/Photo-AG/ S. 36 Image Source/ S. 38-39 Ron Watts
S. 40 Daniel Grill/Tetra Images/ S. 43 Sean Gallagher

Es ist nicht gestattet, Abbildungen dieses Buches zu scannen,
in PCs oder auf CDs zu speichern oder in PCs/ Computern zu
verändern oder einzeln oder zusammen mit anderen
Bildvorlagen zu manipulieren, es sei denn mit
schriftlicher Genehmigung des Verlages.

© 2014 Pattloch Verlag GmbH & Co. KG, München

Gesamtgestaltung: Christine Rechl
Lektorat: Annett Katrin Graf, Pattloch Verlag

ISBN 978-3-629-11041-1

www.pattloch.de

MIX
FSC FSC® C021195

02 04 05 03 01

Außerdem in dieser Reihe erschienen:

ISBN 978-3-629-10981-1

ISBN 978-3-629-10980-4

ISBN 978-3-629-10983-5

ISBN 978-3-629-10982-8

ISBN 978-3-629-11043-5

ISBN 978-3-629-11040-4

ISBN 978-3-629-11042-8

Pattloch*
So schenkt man heute